UNE

# MISSION DÉLICATE

COMÉDIE

Représentée pour la première fois, à Paris, sur le théâtre NATIONAL de l'ODÉON
le jeudi 12 septembre 1878.

## DU MÊME AUTEUR

---

MADAME DUGAZON comédie en un acte en vers libres représentée à l'Odéon . . . . . . . 1 fr. 50

---

IMPRIMERIE GÉNÉRALE DE CHATILLON-SUR-SEINE, JEANNE ROBERT.

# UNE
# MISSION DÉLICATE

COMÉDIE

EN UN ACTE, EN VERS LIBRES

PAR

M. EUGÈNE ADENIS

PARIS
TRESSE, ÉDITEUR
GALERIE DU THÉATRE-FRANÇAIS
PALAIS-ROYAL

1878

# PERSONNAGES

| | | |
|---|---|---|
| MÉRIGOT.................................... | MM. | FRANÇOIS. |
| PAUL GÉRARD................................ | | AMAURY. |
| JUSTIN..................................... | | TOUSÉ. |
| AGNÈS MÉRIGOT.............................. | Mmes | CROSNIER. |
| FÉLICIE.................................... | | CHÉRON. |
| LUCIENNE................................... | | KEKLER. |

UNE

# MISSION DÉLICATE

---

Un salon ouvrant sur un jardin. — Portes latérales, une porte dans le pan coupé à droite, deuxième plan. — Petite table-guéridon sur laquelle se trouve un journal. — Fauteuils, chaises, etc.

---

## SCÈNE PREMIÈRE

JUSTIN, au milieu du théâtre, un plumeau sous le bras.

Ouf! voilà le salon terminé, Dieu merci!
Tout est brossé, frotté, rangé... je suis en nage!
Jamais pareil remue-ménage,
A coup sûr, ne s'est fait ici.
Il faut, pour qu'on m'oblige à m'échiner ainsi,
Qu'on attende un grand personnage!

*Il se laisse lourdement tomber dans un fauteuil.*

Aïe!... oh! les jambes!... c'est que depuis ce matin
Je suis debout; je vais, je viens, je cours...

VOIX de MÉRIGOT, porte du deuxième plan.

Justin!

JUSTIN, se levant.

Ah! bon!

VOIX de MÉRIGOT, à droite.

Justin!...

JUSTIN, qui se dirigeait du côté du cabinet s'arrêtant.

Encor!

VOIX de FÉLICIE, à gauche.

Justin?...

JUSTIN, indigné.

Oh! ma parole,
Ils me font perdre mon latin!
Monsieur est fou, madame est folle,
Sa belle-sœur item... il est clair qu'aujourd'hui
La maison marche sans boussole!

## SCÈNE II

MÉRIGOT, sortant du cabinet.

Justin?

MADAME MÉRIGOT, paraissant à droite en même temps.

Justin?...

FÉLICIE, à gauche, même jeu.

Justin?...

Un silence.

MÉRIGOT, très-calme, très-apathique, interpellant Justin sur un ton dolent qui fait contraste avec ce qu'il dit.

Voyons... c'est inouï.

MADAME MÉRIGOT, vivement.

C'est impatientant!

FÉLICIE, de même.

C'est inimaginable!

MADAME MÉRIGOT.

Vous n'entendez donc pas?... vous êtes donc sourd?

MÉRIGOT, très-doucement.

Oui,

Vous êtes donc sourd?

JUSTIN, agacé.

Mais non!

FÉLICIE.

Est-ce raisonnable

De nous faire crier de la sorte, vraiment?

MÉRIGOT, très-calme.

C'est vrai, vous me forcez à crier...

JUSTIN.

Moi?

MÉRIGOT.

Bédame!

JUSTIN, de même.

Laissez-moi donc tranquille!...

MADAME MÉRIGOT.

Et cet appartement

Est-il fait?

JUSTIN.

Il est fait.

MADAME MÉRIGOT.

En entier?

JUSTIN.

Oui, madame.

MADAME MÉRIGOT.

Bien! maintenant soyez très-attentif
A ce que je vais dire.

JUSTIN.

Oui, j'écoute.

Mérigot s'est assis près de la table où il contemple attentivement un journal.

MADAME MÉRIGOT.

Un jeune homme
Va venir...

JUSTIN.

Ah! c'est bon, je vois pour quel motif.

MADAME MÉRIGOT.

Si vous m'interrompez!

JUSTIN.

Non, allez : il se nomme?...

MADAME MÉRIGOT.

François Bernage.

JUSTIN.

Après?

MADAME MÉRIGOT.

C'est mon gendre, ou plutôt
Celui qui va le devenir bientôt,
Retenez bien ce nom : monsieur François Bernage,
C'est un mariage
Convenu depuis très-longtemps
Avec son père.

JUSTIN.

Oui, j'entends.

MADAME MÉRIGOT.

François est un ami d'enfance
De ma fille : ils jouaient ensemble étant gamins,
Ah! Dieu! comme il était gentil, lorsque j'y pense,
Avec ses fins cheveux blonds, son air d'innocence,
Ses petites mains!...
Pourvu qu'il en ait gardé quelque chose.

Il vient de finir son droit, et je n'ose
L'espérer... Enfin retenez ceci :
Pendant son séjour ici,
Soyez rempli pour lui d'attentions extrêmes,
Prévenez ses désirs... qu'il ne lui manque rien,
En résumé servez-le bien,
Très-bien...

JUSTIN.

Suffit!... Comme un autre vous-mêmes.

MADAME MÉRIGOT.

Je veux que ce jeune homme au moment de s'unir
A nous (c'est mon devoir de mère sérieuse)
Garde de notre accueil le meilleur souvenir,
Pour qu'il rende ma fille heureuse!

JUSTIN.

Soyez sans crainte.

FÉLICIE, qui était remoutée près de la fenêtre, redescendant vivement.

Agnès, Agnès, on a sonné!

MADAME MÉRIGOT.

On a sonné?...

A Justin.

Courez!

Justin sort.

## SCÈNE III

LES MÊMES, moins JUSTIN.

MADAME MÉRIGOT, à Mérigot.

Anatole!

MÉRIGOT, sans relever la tête.

Ma bonne
Amie.

MADAME MÉRIGOT.

On a sonné.

MÉRIGOT.

Tu crois?

FÉLICIE.

Mais, oui, l'on sonne!
Mon frère.

MÉRIGOT, se levant.

Ah! bien, voyons!

JUSTIN, du dehors.

Monsieur, ce n'est personne.

LES DEUX FEMMES.

Personne!

MADAME MÉRIGOT.

Ah! ça m'avait donné
Un battement de cœur.

MÉRIGOT.

Dis-moi, donc Félicie,
Tu n'as pas vu mon jeu d'échecs?

FÉLICIE.

Non.

MÉRIGOT.

Où Justin
L'a-t-il fourré?

FÉLICIE.

Ma foi, je ne sais.

MÉRIGOT, à sa femme.

Bonne amie!...

MADAME MÉRIGOT.

Quoi?

MÉRIGOT.

Mon... mon jeu d'échecs...

MADAME MÉRIGOT.

Ah! bien, je m'en soucie
Vraiment! cherchez vous-même... il est je ne sais où!
Il faut que vous soyez fou
Pour m'adresser cette question bête!
Croyez-vous que l'on n'ait que les échecs en tête,
Que tout le monde y soit attelé comme vous!
Oh! quel homme! depuis qu'il a cette marotte
Il ne vit plus avec nous,
Il s'enferme... il nous fuit... on le voit qui marmotte
Tout bas
Des mots qu'on n'entend pas,
Il reste assis des jours entiers sans faire un pas,
On dirait une marmotte;
Il est là penché sur son échiquier
Comme sur son or un banquier.
Il en perd le sommeil et, s'il dort, il en rêve.
Mal sans remède, hélas! qui le poursuit sans trêve!
C'est insupportable pour moi.
A l'heure du repos, on se retire, il veille,
Et souvent la nuit il m'éveille
En me criant : échec au roi!

MÉRIGOT.

Voilà bien comme on exagère!
Une distraction aimable et passagère
Que de très-grands esprits cultivèrent, dit-on,
Doit m'envoyer tout droit à Charenton?

Il hausse les épaules.

FÉLICIE.

Une distraction? Dites une manie.

MÉRIGOT.

Eh! ma sœur, plus d'un grand génie
En fut esclave!... Pharaon,
Voltaire, Frédéric, Rousseau, Napoléon!

MADAME MÉRIGOT, *raillant.*

Vous enfin?

MÉRIGOT, *sans sourciller.*

Moi!

*Les deux femmes rient.*

Mais oui, moi-même.
Ah! si vous connaissiez l'intérêt d'un problème!...

MADAME MÉRIGOT.

Oh! quel homme! parler d'échecs en ce moment!
Vous ne vous êtes pas demandé seulement,
S'il fallait prévenir Lucienne!
Il s'agit de son avenir,
On attend son futur...

FÉLICIE.

Il faut la prévenir.

MADAME MÉRIGOT.

C'est votre opinion... mais ce n'est pas la mienne.

FÉLICIE.

Mieux vaut qu'elle sache à quoi s'en tenir.

MADAME MÉRIGOT.

Non, non, mieux vaut qu'elle l'ignore.

FÉLICIE.

Pourquoi?

MADAME MÉRIGOT.

Pourquoi? Si tout va bien
Il sera temps de le lui dire encore.

MÉRIGOT, *qui pendant ce dialogue n'a cessé de marmotter en faisant les gestes d'un homme qui pousse des pions sur un échiquier.*

Gagné!...

MADAME MÉRIGOT.

Voyons, monsieur Mérigot, votre avis.

MÉRIGOT, continuant sans entendre.

La tour... le cavalier... le fou? Non!

MADAME MÉRIGOT.

Et je vis
Avec cet homme-là!

Criant.

Monsieur Mérigot?

MÉRIGOT, sautant.

Hein?

MADAME MÉRIGOT.

Faut-il que l'on prévienne
Lucienne,
Que François va venir nous demander sa main?

MÉRIGOT.

Il le faut.

MADAME MÉRIGOT.

C'est absurde.

MÉRIGOT.

Il ne le faut pas.

FÉLICIE.

Certes,
C'est bien imaginé!

MÉRIGOT.

Mais tu me déconcertes
A la fin!

MADAME MÉRIGOT.

Le faut-il ou ne le faut-il pas?...

FÉLICIE.

Voyons...

MADAME MÉRIGOT.

Parlez, que faut-il qu'on lui dise?

MÉRIGOT.

Eh ! faites à votre guise.

MADAME MÉRIGOT.

Oh ! quel homme, mon Dieu ! quel père ! quel mari !

## SCÈNE IV

LES MÊMES, LUCIENNE.

LUCIENNE, entrant vivement.

Bonjour, maman.

*Elle va à sa mère et l'embrasse.*

Bonjour, papa !

*Même jeu.*

Bonjour, ma tante !

*Même jeu.*

FÉLICIE.

Lucienne, dis-moi serais-tu contente
Si l'on te mariait?

MADAME MÉRIGOT.

Oui, tiens, c'est un pari
Que nous faisons tous trois, ta tante prétend, elle,
Que tu ne veux plus rester demoiselle,
Tandis que je soutiens...

LUCIENNE.

Si l'on me mariait?...
Ah ça ! c'est donc manqué?...

MADAME MÉRIGOT.

Manqué ?

LUCIENNE.

Mon mariage,

Mon mariage avec monsieur François Bernage
Qu'on attend aujourd'hui, je suis dans le secret :
Parlez sans crainte.

FÉLICIE, riant.

Ah! ah!

MADAME MÉRIGOT.

Mademoiselle,
Qui vous apprit cette nouvelle?...

FÉLICIE.

Ce n'est certes pas moi, je puis
Le jurer...

MADAME MÉRIGOT.

Ni, moi, j'imagine!

LUCIENNE.

Oh! ma tante! oh! maman... voyons... ça se devine.
A mon âge on comprend à demi-mot et puis...
On a l'oreille fine!

FÉLICIE.

Eh bien! qu'en dites-vous?

MADAME MÉRIGOT.

Je dis que de mon temps
Nous n'étions pas ainsi.

LUCIENNE, à Mérigot qui est retourné à sa table.

Mon père?...

MADAME MÉRIGOT.

Et qu'on a fait des progrès révoltants.

LUCIENNE, à Mérigot.

Mon mariage est donc manqué?...

MÉRIGOT, distrait et absorbé.

Mais, je l'espère.

LUCIENNE.

Comment!

MÉRIGOT.

Non, c'est-à-dire...

MADAME MÉRIGOT.

Oui, ça suffit, c'est bien,
Ne dites rien!

LUCIENNE.

Que contemples-tu donc avec ce soin extrême
Dans ce journal?...

MÉRIGOT.

C'est un problème
D'échecs. Approche un peu. Je vais t'expliquer... vois...

*Coup de sonnette.*

MADAME MÉRIGOT, *sautant.*

Ah! cette fois!...

FÉLICIE.

Oui, cette fois!...

MADAME MÉRIGOT.

On sonne... on a sonné... Monsieur Mérigot, vite.
*A demi-voix.*
Levez-vous, emmenez Lucienne

LUCIENNE.

Mais, maman,
Pourquoi donc?

MADAME MÉRIGOT.

Elle entend donc tout décidément!
Lucienne, éloigne-toi, va, c'est une visite
Qui t'ennuierait!

LUCIENNE, *avec malice.*

Tu crois?

MADAME MÉRIGOT.

Oui, oui.

LUCIENNE.

Mais non.

MADAME MÉRIGOT.

Mais oui,
Voyons, va, laisse-nous.

LUCIENNE.

J'obéis.

*A part, en sortant.*

Oh! c'est lui!

*Coup de sonnette.*

## SCÈNE V

MÉRIGOT, MADAME MÉRIGOT, FÉLICIE, puis PAUL.

MADAME MÉRIGOT.

Justin n'entend donc pas?

FÉLICIE.

Il est là haut, sans doute.

MADAME MÉRIGOT, *s'impatientant.*

Ah!

MÉRIGOT, *en regardant sa femme qui s'agite.*

Mais qu'a-t-elle donc? Qu'est-ce qu'elle redoute?
On peut bien traiter sans façon
Un garçon
Qu'on a vu haut comme une botte.

MADAME MÉRIGOT, *qui a entendu.*

Il radote!

FÉLICIE.

Et tenez, le voilà.

MADAME MÉRIGOT.

Lui!

LES DEUX FEMMES.

Mon cher enfant!

*Elles l'embrassent.*

MÉRIGOT.

Sois
Le bienvenu, mon cher François.

PAUL, *très-embarrassé.*

Mesdames... monsieur... je...

MRDAME MÉRIGOT.

Votre père, Bernage,
Va bien?... Asseyez-vous d'abord.

FÉLICIE.

Venez ici,
Sur ce fauteuil.

MADAME MÉRIGOT.

Près de nous, là.

PAUL.

Merci,
Madame, mais...

FÉLICIE.

Votre voyage?

PAUL.

Excellent!

MADAME MÉRIGOT.

Ah! tant mieux!

FÉLICIE.

Etes-vous bien ainsi?

PAUL.

Très-bien, mais je voulais...

MADAME MÉRIGOT.

Parlez, enfant prodigue.

PAUL.

Je ne suis pas...

MADAME MÉRIGOT.

Vous n'êtes pas en train
De causer... je comprends.

MÉRIGOT.

C'est juste... la fatigue...
Laissez-le respirer...

FÉLICIE.

Vous descendez du train?

PAUL.

Oui, madame.

MADAME MÉRIGOT.

Avez-vous déjeuné?

PAUL.

Non, madame!

Se reprenant.

C'est-à-dire...

FÉLICIE.

Ah! mon Dieu! mais vous mourez de faim.

MADAME MÉRIGOT.

Vite, un couvert.

MÉRIGOT, à Paul.

Dans un instant, ma femme
T'aura servi!

MADAME MÉRIGOT, à son mari.

Venez vite avec nous!

PAUL, protestant.

Non! non!

MADAME MÉRIGOT.

Il n'a pas déjeuné, — mais c'est épouvantable!
Entraînant son mari.
Venez vite m'aider à transporter la table.
Ils sortent malgré les protestations de Paul.

## SCÈNE VI

PAUL, seul.

Bernage n'est pas mon nom,
Je m'appelle Gérard, — Paul Gérard, — et Bernage
Est mon ami, mon ami seulement...
Je viens de faire le voyage
A sa place ici... pour son mariage...
C'est tout un événement!
Nous avons fait tous deux notre droit (douce étude)
A Poitiers; or, avant-hier,
Bernage accourt chez moi, tout seul, avec un air
Sombre et rempli d'inquiétude:
— « D'où te vient cette émotion?
— » C'est une lettre de mon père!
— » Il te rogne ta pension?
— » Ah! bien oui, c'est une autre affaire.
— » Il te déshérite? — Bien pis!
— » Il veut que tu sois notaire?
— » Pis encor! — Ah! j'ai compris!
— » Il veut... »
D'un ton lugubre.
« Que je me marie!
Oui, mon ami! » c'est là ce grand malheur?
Sais-tu que tu m'avais fait peur!
Le mal est grand, c'est vrai, mais! « mon cher, je t'en prie,
Pas de plaisanterie,
Car le moment serait mal choisi pour cela!... »

Et comme je restais déconcerté, voilà
Qu'avec un pied de rouge à chaque joue
Il m'avoue
Qu'il est marié, déjà...
Ou presque, et dans la ville même
A l'insu de son père et que son embarras
Est extrême,
Qu'il a deux enfants sur les bras,
Que leur mère est un ange... une sainte .. qu'il l'aime...
Et cætera...
Mais que jamais il n'osera
S'en aller raconter la chose
Aux parents de la jeune enfant qu'on lui propose.
Il me conjure en un mot,
De le faire, moi-même, à sa place, au plus tôt.
Je ne pouvais refuser, mais du diable
Si j'attendais cet accueil incroyable!
Et si je pensais qu'aujourd'hui
En arrivant, on me prendrait pour lui!
Bah! le mal n'est pas irrémédiable!

## SCÈNE VII

PAUL, MADAME MÉRIGOT et FÉLICIE.

VOIX DE MADAME MÉRIGOT, au dehors.

Prenez garde en passant... là... c'est bien.

Les deux femmes paraissent portant une table abondamment servie.

PAUL.

Les voici,
Je vais pouvoir leur expliquer la cause...
Peste! quel déjeuner!!.. permettez...

Il s'approche et les aide à poser la table.

FÉLICIE.

Par ici.

MADAME MÉRIGOT.

Nous n'avons que bien peu de chose
A vous offrir!

PAUL, se récriant.

En vérité!
C'est mille fois trop de bonté!
Maintenant avant tout, mes dames, je dois dire. .

MADAME MÉRIGOT, l'interrompant.

Avant tout, mettez-vous à table...

PAUL, protestant.

Nön, après
Avoir...

FÉLICIE, insistant.

Asseyez-vous!

PAUL, à lui-même.

Elles le font exprès!

Haut.

J'obéis.

MADAME MÉRIGOT.

Agissez sans façon.

PAUL, voulant continuer.

Je désire...

MADAME MÉRIGOT, vivement.

Un peu de poulet froid...

Elle le sert.

PAUL.

Merci, madame, mais
Il faut que vous sachiez...

FÉLICIE.

Donnez-moi votre verre.

PAUL.

Oh! pardon!

Félicie lui verse à boire.

Je voudrais...

MADAME MÉRIGOT, même jeu que plus haut.

La carafe...

Elle fait signe à sa belle-sœur qui la lui passe.

Ma chère?...

PAUL, à lui-même.

Je n'en sortirai jamais!

FÉLICIE, regardant Paul attentivement.

Il n'est pas changé!

MADAME MÉRIGOT.

Non.

FÉLICIE.

Il ressemble à son père.

MADAME MÉRIGOT.

Au gros Bernage? — Oui, c'est frappant!

PAUL, vivement.

Mais non je ne suis pas...

FÉLICIE, sans l'entendre.

En mieux?

MADAME MÉRIGOT.

Oh! ça dépend!
C'est qu'il était fort bien, mon vieil ami Bernage!
Nous entrâmes en ménage
Le même jour, tenez... le même chant
Nous guida vers l'autel... ah! c'était fort touchant,
Je vous le jure sur mon âme!
Si bien qu'au souvenir de cette émotion
Je lui dis quelque temps après : que votre femme
S'entende avec vous de façon,
A mettre au monde un garçon,

Moi, je me charge de la fille,
Et nous verrons une famille
Sortir de notre maison.
Il promet et me tint parole.
Aussi ce mariage est mon plus cher désir,
Et s'il ne pouvait réussir
Je crois que j'en deviendrais folle!

PAUL, laissant tomber sa fourchette et son couteau.

Ah! pauvre femme! .. Allons, me voilà bien!

FÉLICIE.

Par bonheur il n'en est rien,
Montrant Paul.
Et sa présence nous rassure.
Lucienne lui plaira...

MADAME MÉRIGOT.

Qui sait?

FÉLICIE.

Qui sait! Voilà
De vos craintes.

MADAME MÉRIGOT.

Alors vous croyez?...

FÉLICIE.

J'en suis sûre!

PAUL, à lui-même.

Dans quel guêpier me suis-je fourré-là!
Tout le dialogue des deux femmes, entre elles, à demi-voix.

FÉLICIE, à Paul.

Fumez-vous?

PAUL.

Tiens! parbleu!
Se reprenant.
C'est-à-dire...

MADAME MÉRIGOT.

Inutile
De vous reprendre et rien n'est plus facile
Que de vous contenter... Je vais dire à Justin
D'aller vous chercher des cigares

FÉLICIE.

Moi, je vais préparer votre chambre

PAUL, sautant.

Ma... hein?
Ma chambre!

FÉLICIE.

Oui, restez.

LES DEUX FEMMES, en sortant.

Adieu.

## SCÈNE VIII

PAUL, puis LUCIENNE.

PAUL, se levant très-agité.

Mais tu t'égares,
Malheureux, et de plus en plus!
Il faut vite courir... sans retards superflus
Dire la vérité

Lucienne entre, Paul s'arrête interdit.

Dire!... Oh! qu'elle est charmante!

LUCIENNE.

Bonjour, François.

Un silence.

PAUL, à lui-même.

Le ciel veut que je mente
Et c'est écrit là-haut, décidément!...

LUCIENNE.

Ah çà! comment,
Vous ne me dites pas bonjour?

PAUL.

Mademoiselle,
Je... pardon...

LUCIENNE.

Est-ce que vous avez peur de moi?

PAUL.

Peur de vous! non vraiment... non, non!

*A lui-même.*

Ah! mais c'est qu'elle
Est très-gentille!

LUCIENNE.

Eh bien! alors pourquoi
Rougissez-vous et prenez-vous la fuite?
Vous m'avez oubliée, après un temps si long!
Eh bien! moi je vous ai reconnu tout de suite.

PAUL.

Vous m'avez reconnu?

LUCIENNE.

Pourtant vous étiez blond
Autrefois!...

PAUL.

J'étais blond?

LUCIENNE.

Oh! je me le rappelle.,
Et vous êtes tout brun.

PAUL.

Dame, mademoiselle,
Les soucis, le travail... Allez, neuf fois sur dix
C'est ainsi, croyez-moi.

A lui-même.

Qu'est-ce que je lui dis?

LUCIENNE.

Et puis vous étiez timide, ah! timide
Comme une jeune fille.

PAUL.

Ah! vraiment!

LUCIENNE.

Et je vois
Que vous êtes un peu resté comme autrefois!

PAUL, les yeux baissés.

Oui.

LUCIENNE.

Vous vous souvenez, je vous servais de guide :
Quand nous courions à travers les grands bois!...
Vous aviez peur du son de votre voix!...

PAUL, à lui-même.

J'ai du plaisir à voir combien j'étais stupide!

LUCIENNE.

Mais maintenant encor...

PAUL, à lui-même.

Hein!

LUCIENNE.

Vous parlez tout bas.
On dirait que vous n'osez pas
L'imitant.
Pro-non-cer les mots.

PAUL, à lui-même.

Oh! mais comme elle est gentille,
Avec cette mutine et coquette façon
De me faire la leçon!

LUCIENNE.

C'est toujours vous la jeune fille
Et c'est toujours moi le garçon,
Rien n'est changé!...

*Mystérieusement en se rapprochant de lui.*

Dites donc et... je n'ose
Pas trop, cependant, parler de la chose
Car, c'est un peu hardi malgré tout, ce sujet!

PAUL.

Je vous écoute.

LUCIENNE.

Il s'agit du projet
Formé par nos parents... par nos parents ensemble,
Voyons, aidez-moi donc... car c'est vous, ce me semble,
Qui devriez m'en parler le premier

PAUL.

Ah! ce fameux projet de...

LUCIENNE.

De nous marier!
Ouf! Vous ne m'encouragez guère.

PAUL.

Si fait! mais j'ignorais... c'est-à-dire...

LUCIENNE.

Comment!
Mais c'était convenu naguère
Entre nous à douze ans! ami trop oublieux

*Avec force.*

Est-ce que vous aussi, vous faites du mystère!
Comme papa, maman... Ah! que c'est ennuyeux!
Pour moi je n'ai jamais compris cette manie
Qui fait que l'on cache ou qu'on nie
La vérité; c'est peut-être un grand tort
Que j'ai là, mais pour un empire
Je ne voudrais jamais rien penser sans le dire.
Il ne m'en coûte aucun effort,

Et je serais au contraire incapable.
On aurait beau dire, « il le faut, »
Non! il n'y a que le coupable
Qui n'ose pas penser tout haut!

PAUL.

Bien! c'est très-bien! elle a de la franchise!
Elle a du cœur!... une tournure exquise,
Mais tu t'égares, malheureux!

*Il se met à marcher avec agitation.*

LUCIENNE.

Qu'avez-vous donc?

PAUL.

Ah! chaste jeune fille,
Si vous saviez!...

LUCIENNE.

Quoi?... Votre regard brille...

PAUL.

Non, non... Bernage, hélas! quel trésor précieux
Tu perds, mon pauvre ami... si j'étais à ta place

*Changeant de ton et s'arrêtant.*

Tiens, mais, j'y suis, au fait... beaucoup trop même...

LUCIENNE.

Eh bien?
Vous vous taisez?... A quoi pensez-vous donc?

PAUL.

A rien!

LUCIENNE.

Ecoutez-moi, voici ce que vous allez faire...
Pour faire cesser tout mystère,
Vous allez demander ma main.

PAUL.

Votre main! Ah! ma foi, je ne sais si je veille
Ou si je dors.

LUCIENNE.

Pourquoi remettre au lendemain
Ce que l'on peut faire la veille?
N'est-ce pas pour cela que vous êtes ici?

PAUL.

Mais non, non pas!

*Etonnement de Lucienne.*

C'est-à-dire, mais si!

LUCIENNE.

Vous n'oserez jamais, je gage,
Marchez devant, je vous suis.
Allons, un peu de courage,
Car, avouez que je ne puis
Vous demander en mariage!

PAUL.

Je ne sais plus où j'en suis!

## SCÈNE IX

LES MÊMES, JUSTIN.

JUSTIN, *entrant par le fond, une boite de cigares à la main.*

Mademoiselle!
Madame vous appelle.

LUCIENNE.

J'y vais, Justin.

*Regardant Paul.*

Il ne me suivra pas!
Allons, décidément, il est toujours le même!

*Elle sort lentement après s'être retournée plusieurs fois.*

PAUL.

Que faire maintenant, hélas!

JUSTIN, qui s'est approché, reconnaissant Paul.

Monsieur Gérard ici! ma surprise est extrême!

PAUL.

Hein! Justin!

JUSTIN.

Et votre oncle?

PAUL.

Heu!... tais-toi, ne dis rien.
Je n'ai plus d'oncle!

JUSTIN.

Ah bah! il est mort, le pauvre homme!

PAUL.

Non! il se porte très-bien!

JUSTIN.

Alors, il n'est donc plus votre oncle?

PAUL.

Qu'il m'assomme
Avec ses questions!

JUSTIN.

Mais j'y pense, entre nous,
Le futur c'est donc vous?
D'où vient que vous avez changé de nom?

PAUL.

Au diable!

JUSTIN.

Là, ne vous fâchez pas et soyez plus traitable.
Riant avec malice.
Eh! eh! nous sommes donc amoureux, mon gaillard!
Eh! bien, mon cher monsieur Gérard,
Vous ne pouviez choisir plus aimable famille!

PAUL.

Ah! tu crois...

JUSTIN.

Ils sont tous charmants,
Et je peux vous donner de bons renseignements
Sur mes maîtres!... Avez-vous vu la jeune fille?

PAUL.

Oui.

JUSTIN.

Divine, est-ce pas?

PAUL.

Divine!

JUSTIN.

Ah! mon ami,
Ce n'est pas tout — monsieur Mérigot, le beau-père,
Avec son air endormi
Excellent! le meilleur des hommes... Et la mère.

PAUL, *le reprenant.*

La belle-mère!

JUSTIN.

Oui, tenez, il est certain
Qu'elles ne valent pas le diable,
Eh bien! mon cher, foi de Justin,
Vous direz : c'est incroyable!
Quand vous connaîtrez sa bonté!

PAUL.

Elle est un peu bavarde!

JUSTIN.

Oui! c'est la vérité.
C'est ce que je lui dis quelquefois...

PAUL, *étonné.*

Ah!

JUSTIN.

Sans doute...
Poliment.

PAUL.

Je le pense.

JUSTIN.

Eh bien! voilà... C'est toute
La famille, non, j'oubliais la sœur
De monsieur... Beaucoup de douceur
Comme son frère... Allons, faites ce mariage;
Croyez-moi, vous serez très-heureux... Au revoir.

Justin sort.

## SCÈNE X

PAUL, puis MÉRIGOT.

PAUL, un peu rêveur.

C'est une idée!... oui, oui, mais il faudrait pouvoir
Sortir d'abord de la peau de Bernage.
Il a raison, Justin, on serait très-heureux
Avec cette charmante enfant, je le parie!
Mon oncle justement veut que je me marie!
Il a raison, Justin, je suis presque amoureux!
Oui, mais, avant de faire un mariage,
Il est sage
D'assurer sa validité!
Or, le cas où je me trouve
Est un cas de nullité
*Error in persona*... Donc il faut que je prouve
Avant tout mon identité.

Mérigot paraît au fond avec Justin.

Monsieur Mérigot... Bon... Je vais pouvoir, peut-être
Me faire connaître.

Avec force.

D'ailleurs, si l'on me méconnaît,
Je publierai mon nom en ville;
Je n'aurais jamais cru qu'il fût si difficile
De devenir ce que l'on est!

JUSTIN, à Mérigot.

Mais, monsieur, ce n'est pas ma faute
Si votre jeu d'échecs est allé se nicher,
Grâce à madame, sur la planche la plus haute
De l'armoire.

MÉRIGOT.

Si fait, tu pouvais empêcher...

JUSTIN.

Laissez-moi donc tranquille!

MÉRIGOT, à Paul.

Ah! *re* bonjour, mon hôte!

PAUL.

Cher monsieur Mérigot!...

MÉRIGOT.

Ces dames t'ont laissé
Seul?

PAUL.

Vous voyez.

MÉRIGOT.

Si tu n'es pas pressé
De les rejoindre, vient me tenir compagnie
Avec ceci.

Il montre son échiquier.

PAUL, hésitant.

C'est que...

MÉRIGOT.

Sais-tu jouer?

PAUL.

Un peu.

MÉRIGOT.

Bravo!

Ils s'installent. Justin débarrasse la table.

PAUL, à lui-même, pendant que Mérigot dispose les pièces de l'échiquier.

Je connais la marche du jeu,
Mais, je n'ai jamais joué de ma vie,
Et je n'en ai guère envie!
Mais, pour qu'il prenne en bonne part
Mon aveu, flattons sa manie,
Quitte à jouer au hasard.

MÉRIGOT.

Y sommes-nous?

PAUL.

Voilà

MÉRIGOT, à Justin qui a fini de débarrasser la table.

Je n'y suis pour personne,
Justin.

JUSTIN.

Suffit, monsieur.

MÉRIGOT.

Va, laisse-nous.

Justin sort.

MÉRIGOT, se laissant aller avec satisfaction dans son fauteuil.

La bonne
Chose que la vie... Ah!

PAUL.

Bizarre quelquefois!
Et pleine de hasards étranges.

MÉRIGOT.

Hé! prends donc garde, tu déranges
L'échiquier.

PAUL.

Ah! pardon.

MÉRIGOT.

Soyons fidèle aux lois
De la plus stricte courtoisie.

*Cérémonieusement.*

Monsieur, à vous le trait?

PAUL.

Monsieur, je vous en prie...

MÉRIGOT.

A vous?

PAUL.

Non, non...

MÉRIGOT.

Morbleu! nous n'en finirons pas,
Je commence.

PAUL.

Je vais vous étonner peut-être...

MÉRIGOT, *entre ses dents.*

Nous allons voir, mon jeune maître.

PAUL.

Car, grâce à vous, je suis dans un grand embarras,
On m'a fait un accueil si pressant tout à l'heure,
Quand je suis entré dans votre demeure,
Que je n'ai pu vous dire qui j'étais!

*Il pousse une pièce.*

MÉRIGOT, *répondant au coup qu'il trouve embarrassant.*

Ah! voilà qui me contrarie!

PAUL.

C'est très-contrariant!

MÉRIGOT, *à lui-même.*

Voyez la diablerie
Qu'il m'a faite!

PAUL.

Depuis trop longtemps je me tais.
Je ne suis pas François Bernage.

MÉRIGOT, tout entier au jeu répétant machinalement.

Nage... nage... Ah! le coup est paré!... c'est parfait!...

PAUL.

Bernage est à Poitiers, monsieur!

Il pousse une pièce sans regarder l'échiquier.

MÉRIGOT, même jeu que plus haut.

Qu'est-ce qu'il fait?

PAUL, croyant répondre à la question.

Il est dans les liens fâcheux d'un faux ménage :
C'est une liaison déjà vieille,

MÉRIGOT.

A ton tour.

PAUL, tout en jouant.

Moi, je suis (Il est temps enfin que je l'avoue)
Son ami Gérard... Paul Gérard!

MÉRIGOT, riant d'un coup qu'il vient de faire.

Ah! ah! ah!

Avec défi.

Joue!

PAUL, ravi.

Enfin, j'ai pu me faire écouter!

Il repousse une pièce avec force sans regarder.

MÉRIGOT, inquiet.

C'est la tour
Qu'il déplace!

PAUL, à lui-même.

Il n'a pas laissé voir de surprise!
C'est étonnant!

MÉRIGOT.

Oh! oh! voilà ma reine prise
Entre deux feux!

PAUL, continuant.

Or donc, ma seule intention,
Mon cher monsieur, était de venir vous apprendre
La triste situation
De mon ami!

MÉRIGOT.

Je joue, attention.
Je vais prendre.

Paul joue sans regarder.

MÉRIGOT.

Ah! tous ses coups sont bien étudiés!

PAUL, en élevant la voix.

Je ne suis pas celui qu'ici vous attendiez!

Même jeu que précédemment.

MÉRIGOT, sautant en présence d'une difficulté du jeu.

Diable!

Un silence. — Regards échangés.

Ça m'est égal!

PAUL.

Vraiment?

MÉRIGOT.

Tiens, ma réplique,
La voici.

Il joue.

PAUL, jouant.

Maintenant, monsieur, que tout s'explique,
J'ajouterai deux mots si vous le permettez.

MÉRIGOT.

Ah! mais, il est très-fort! ou bien mes facultés
Baissent. Echec au roi!

PAUL.

J'ai vu mademoiselle
Votre fille : un hasard heureux

Vient de nous mettre en présence tous deux.
Ah! que de qualités en elle!
Et comme elle est digne d'amour!
Eh bien! puisque Bernage est père de famille,
Permettez-moi de lui faire ma cour!

MÉRIGOT, levant la tête.

Plaît-il? faire la cour à Lucienne, à ma fille?...
Mais oui, parbleu, c'est entendu.

A lui-même.

Il est fort!

PAUL.

Ah! Dieu, quel bonheur!

Il joue.

MÉRIGOT.

Mat!... j'ai perdu!

PAUL, se levant.

Perdu! J'ai donc gagné!

MÉRIGOT.

Voilà comme on se noie!
Il est très-fort!

PAUL.

J'ai peine à contenir ma joie!

MÉRIGOT.

Oh! ça c'est de l'orgueil, par exemple, tu crois
Que tu me battras ainsi chaque fois?
C'est ce qu'il faudra que l'on voie!
Tu m'as gagné, très-bien gagné, d'accord!
Et ton étoile a fait pâlir la mienne,
Mais enfin...

PAUL, qui écoutait avec étonnement.

Pardon, mais... je parlais de Lucienne.

MÉRIGOT.

Ah! nous y revenons encor!

PAUL.

J'insiste car j'ai peur de trop vite comprendre,
Vous ne me connaissez que bien peu!

MÉRIGOT.

Moi! comment!
Je sais que j'aurai pour gendre
Un grand joueur d'échecs, — ça me suffit!

PAUL.

Vraiment!

MÉRIGOT.

Touchez là.

PAUL.

De grand cœur, monsieur! — Courons bien vite
Trouver Lucienne!

Il sort.

## SCÈNE XI

### MÉRIGOT, puis MADAME MÉRIGOT et FÉLICIE.

MÉRIGOT, seul. — Il reste quelque temps absorbé, puis va vivement à la table, replace sur l'échiquier les pièces dans l'ordre où elles étaient et dit en s'accoudant.

Il faut que je médite
Sur le piége qu'il m'a tendu!
Car voilà pourquoi j'ai perdu :
Je n'avais pas compris qu'il me tendait un piége!
Sa reine était ici!... Voyons, où donc étais-je,
Moi? là... c'est bien... il est très-fort!... J'ai fait marcher
Ma tour... j'ai cru qu'il allait approcher
Son cavalier... et crac... pas du tout... c'est la reine
Qu'il a mise en avant... Très-fort! et d'autant mieux
Qu'il parle, il parle, il parle et sans que ça le gêne

Tout en jouant! tout en combinant... curieux!
Très-fort! très-curieux!

MADAME MÉRIGOT, *entrant brusquement.*

Non, c'est à ne pas croire :

FÉLICIE.

C'est révoltant! révoltant! quelle histoire!

MADAME MÉRIGOT, *apercevant son mari.*

C'est indigne! Ah! vous voilà!
Vous, monsieur Mérigot, tenez, lisez cela!

*Elle lui donne une lettre.*

MÉRIGOT, *lisant la signature.*

Du père de François Bernage, notre gendre?

MADAME MÉRIGOT.

Notre gendre? Ah! bien! oui!

FÉLICIE.

Quel beau scandale!

MADAME MÉRIGOT.

Ah!

MÉRIGOT.

Comprends pas...

MADAME MÉRIGOT.

Vous allez comprendre.
Lisez!...

MÉRIGOT.

« Mon cher Mérigot, le mariage que nous avions rêvé pour » François et Lucienne, n'est plus possible aujourd'hui. Mon » fils, hélas! est en quelque sorte marié... il a deux en- » fants... »

MÉRIGOT.

Hein! marié! Deux enfants!... Ah! mon Dieu!

MADAME MÉRIGOT.

Voir s'écrouler ainsi ma plus douce espérance!...

Ah! j'en mourrai!

FÉLICIE.

Voyons, ma chère...

MADAME MÉRIGOT.

Dire adieu

Au rêve de ma vie!

MÉRIGOT.

Il faut venir en France

Pour voir ces choses!... Oh! les jeunes gens du jour!...

*Avec une terreur croissante.*

Mais, il m'a demandé Lucienne en mariage!

MADAME MÉRIGOT.

Lui?

MÉRIGOT.

Lui-même!

FÉLICIE.

Est-il vrai?

MADAME MÉRIGOT.

Vous rêvez!

MÉRIGOT.

Lui Bernage!...

Non, il m'a demandé de lui faire la cour...

Seulement!

MADAME MÉRIGOT, *se voilant la face.*

Oh!

FÉLICIE.

Mon frère!

MÉRIGOT, *avec abattement.*

Et j'ai permis!

MADAME MÉRIGOT.

Ma fille!...

Mais il est avec elle! Ah! ciel, il ne faut pas...
Un séducteur dans ma famille!

MÉRIGOT, appelant.

Justin?...

Aux deux femmes.

Attendez-moi... je m'en vais de ce pas...
Justin?...

## SCÈNE XII

LES MÊMES, JUSTIN.

JUSTIN, qui vient d'entrer.

Où courez-vous, monsieur?

MADAME MÉRIGOT, à sa sœur.

Quelle aventure!

FÉLICIE.

Ah! oui!

JUSTIN, à Mérigot.

Vous avez la figure
A l'envers.

MÉRIGOT.

Je le crois, Bernage est marié!

JUSTIN.

Ce jeune homme qui vient...

MÉRIGOT.

Tu n'en as pas vu mille,
N'est-ce pas?... ah! mon Dieu!... qui l'aurait parié!
Deux enfants sur les bras!

JUSTIN.

Laissez-moi donc tranquille!

D'un mot je vais vous rassurer :
Le jeune homme chez vous en ce moment s'appelle
Paul Gérard...

MADAME MÉRIGOT.

Ce n'est pas François?

FÉLICIE.

Quelle nouvelle!

MÉRIGOT.

Es-tu bien sûr?...

JUSTIN.

Je puis vous le jurer!

MÉRIGOT.

Ce n'est pas François qui dans ma demeure...
Comment sais-tu?...

JUSTIN.

Je l'ai reconnu tout à l'heure.

MÉRIGOT.

Tu le connaissais donc, toi?

JUSTIN.

J'ai servi comme domestique
Chez son oncle... avant vous...

MÉRIGOT.

Avant moi?

JUSTIN.

Avant de vous servir!

MÉRIGOT.

Ah! très-bien, tout s'explique...
Mais la chose à présent va pouvoir s'arranger!

MADAME MÉRIGOT.

Comment! prétendez-vous garder cet étranger
Et lui donner la main de votre fille?

FÉLICIE.

Sans connaître sa famille!...

MADAME MÉRIGOT.

Sans savoir ce qu'il fait?...

FÉLICIE.

Ce qu'il vaut?

MADAME MÉRIGOT.

Ce qu'il est?

JUSTIN, intervenant.

Un petit moment, s'il vous plaît,
Madame, et là-dessus vous serez satisfaite,
Je peux donner sur lui de bons renseignements!

MÉRIGOT.

Ah! parle?

JUSTIN.

Et que les mots m'étranglent, si je mens!

MÉRIGOT.

Sa famille?

JUSTIN.

Était parfaite...

MADAME MÉRIGOT.

L'honorabilité?

JUSTIN.

Complète!

FÉLICIE.

Jusqu'à présent c'est bien, et que fait-il?

JUSTIN.

Il a vingt mille francs de rente.

MADAME MÉRIGOT, FÉLICIE, et MÉRIGOT, en même temps.

C'est gentil!

JUSTIN.

Vous voyez, mes amis, le neveu de mon maître
Mérite un peu d'attention, peut-être.
Avant de le prier de tourner les talons,
Réfléchissez... Qu'est-ce que nous voulons,
Tous les quatre, oh! mon Dieu! la chose est peu douteuse :
Nous voulons que Lucienne avant tout soit heureuse.
Or, nous avons là juste à point
Un bon parti qui nous arrive,
Jeune et riche, en définitive
C'est beaucoup : Ne nous pressons point.
Je réponds de son caractère,
Monsieur Gérard était un neveu très-calin,
Par exemple... il est orphelin...
Mais, je peux lui servir de père!

MADAME MÉRIGOT.

Il a raison.

FÉLICIE.

C'est mon avis.

MÉRIGOT.

Mais pourquoi diable
S'introduit-il chez nous sous un nom supposé?

JUSTIN.

C'est que sans doute, il n'aura pas osé
Se présenter sous son nom véritable.

MÉRIGOT.

Et pourquoi ne l'as-tu pas dit?
Tu le savais?

JUSTIN.

Dame, oui.

MADAME MÉRIGOT.

Voyez cet étourdi
Qui nous cache un pareil mystère,
Et qui prétend donner un conseil salutaire!

MÉRIGOT.

Au fait, c'est vrai.

FÉLICIE.

C'est vrai!

MÉRIGOT.

De quoi vous mêlez-vous,
Monsieur Justin!

JUSTIN.

Monsieur.

MADAME MÉRIGOT.

Mais voyez-vous ce drôle
Qui veut choisir à ma fille un époux!

MÉRIGOT.

Qui vous a prié de jouer ce rôle?

JUSTIN.

Mais...

FÉLICIE.

Et nous l'écoutions encor.

MERIGOT.

Tranquillement.

MADAME MÉRIGOT.

Monsieur Gérard est un imposteur plein d'audace,
Justin est son complice...

JUSTIN.

Oh! moi!

MADAME MÉRIGOT.

Vous! Qu'on les chasse
Tous deux.

JUSTIN, haussant les épaules.

Laissez-moi donc...

MADAME MÉRIGOT.

Voilà mon sentiment!

## SCÈNE XIII

LES MÊMES, LUCIENNE.

LUCIENNE, entrant gaîment.

Ma mère?... Ah! que je suis contente!... Il est charmant!

MADAME MÉRIGOT.

Qui?...

LUCIENNE.

Mon futur?...

MADAME MÉRIGOT.

Ce personnage!...
Si tu savais...

LUCIENNE.

Je sais tout, va... monsieur Bernage,
C'est monsieur Paul Gérard.

FÉLICIE.

Et monsieur Paul Gérard
Est un chevalier de hasard
Que nous allons mettre à la porte.

LUCIENNE.

A la porte? comment? Pourquoi?

MADAME MÉRIGOT.

Par la raison qu'il faut qu'il sorte,
Et qu'on ne garde pas chez soi
Des gens de cette sorte!

LUCIENNE, vivement, avec émotion.

Mais non... mais, je ne veux pas, moi!

MADAME MÉRIGOT.

Ma fille!

MÉRIGOT.

La voilà maintenant désolée!

FÉLICIE.

Quoi! ce démon l'aurait ensorcelée!

MADAME MÉRIGOT.

Il t'a parlé!

LUCIENNE.

Sans doute.

MADAME MÉRIGOT.

Il t'a dit?...

LUCIENNE.

Qu'il m'aimait!

MADAME MÉRIGOT.

Ah! mon Dieu!

FÉLICIE.

Pauvre enfant!

MÉRIGOT.

Ce monsieur-là promet!

FÉLICIE.

Et qu'a-t-il ajouté?

MADAME MÉRIGOT.

Mais rien de plus, j'espère!

LUCIENNE.

Mais si, maman!

MADAME MÉRIGOT, scandalisée.

Dieu!

LUCIENNE.

Si...

Qu'il avait expliqué sa visite à mon père.
Et le motif de sa présence ici,
La mission dont son ami Bernage
L'avait chargé, le mariage
De ce dernier... qu'enfin tout s'était éclairci,
Qu'il vous avait fait la demande
De ma main après avoir dit son nom,
Et que vous consentiez...

MÉRIGOT.

C'est une erreur très-grande!
Et quand cela?

LUCIENNE.

Tout à l'heure...

MÉRIGOT.

Mais non!

## SCÈNE XIV

LES MÊMES, PAUL.

MÉRIGOT.

Ah! vous voilà, monsieur, votre conduite étrange...

PAUL.

Plaît-il?...

MADAME MÉRIGOT.

Ne cherchez pas à nous donner le change!

MÉRIGOT.

A l'instant même expliquez-vous!
Quelle conduite fut la vôtre!
Vous vous introduisez chez nous!
Et comment?... Sous le nom d'un autre!
Vous vous faites aimer de notre fille.

PAUL.

Ciel!
Je suis assez heureux!...

MÉRIGOT.

Silence!... par surprise!
Vous prolongez cette méprise,
Quand il était si naturel
De me tout avouer... je ne suis pas un père
Effrayant! Je n'ai pas la mine bien sévère,
Et de me dire...

PAUL.

Mais, pardon, monsieur, pardon,
Vous semblez manquer de mémoire...
J'ai fait tout cela!

MÉRIGOT.

Quand donc?

PAUL.

Là, tout à l'heure. Oh! vous pouvez m'en croire,
En jouant aux échecs.

MÉRIGOT.

Eh! quoi! c'est là l'histoire
Que vous me racontiez!

PAUL.

Mais oui, c'est évident!

MÉRIGOT.

Mais je n'écoutais pas!...

PAUL.

Vous répondiez pourtant.

MADAME MÉRIGOT, en levant les bras.

Ah! si c'était pendant une partie
D'échecs...

PAUL.

Sans doute...

FÉLICIE, JUSTIN, et LUCIENNE, en même temps.

Ah!

MÉRIGOT.

Ah!

MADAME MÉRIGOT.

C'est différent!
Car son attention alors était partie.

FÉLICIE.

Tout s'explique!

MÉRIGOT.

Ça se comprend...
Eh bien, monsieur qu'allez-vous faire?

PAUL.

C'est fort simple!

MADAME MÉRIGOT.

Le moyen
De terminer cette affaire?

FÉLICIE.

Et de la mener à bien?

MADAME MÉRIGOT.

Mais parlez donc, monsieur!

PAUL.

Mais, madame, j'aspire...

MÉRIGOT.

C'est très-embarrassant!

LUCIENNE.

Mais non!

FÉLICIE.

Si!

PAUL.

Non!

MÉRIGOT.

Il faut...

PAUL.

L'épouser, j'allais vous le dire,
Mais je ne peux placer un mot.

MÉRIGOT.

J'y consens.

LUCIENNE.

Quel bonheur!

FÉLICIE.

Regrettez-vous Bernage?

MADAME MÉRIGOT.

Moins, beaucoup moins, en effet.

MÉRIGOT.

Ce sera, j'en suis sûr, un joli mariage.

JUSTIN.

C'est pourtant moi qui l'aurai fait
Un peu rapidement peut-être.

PAUL.

Tant mieux! dût-on nous en blâmer
Le temps qu'on passe à se connaître.
Nous l'emploierons à nous aimer.

FIN

Imprimerie générale de Châtillon-sur-Seine, Jeanne Robert.

www.ingramcontent.com/pod-product-compliance
Ingram Content Group UK Ltd.
Pitfield, Milton Keynes, MK11 3LW, UK
UKHW021030180726
13838UKWH00004B/1711